Der Wald
der wilden Tiere

Chris Wormell

Für Tristan, Rhys und Stefan

Titel der englischen Originalausgabe: **Ferocious Wild Beasts!** First published in 2009 in Great Britain by Jonathan Cape an imprint of Random House Children's Books A Random House Group Company

© 2009 Chris Wormell

Bibliografische Information der deutschen Nationalbibliothek Die Deutsche Nationalbibliothek verzeichnet diese Publikation in der Deutschen Nationalbibliografie; detaillierte bibliografische Daten sind im Internet über http://dnb.d-nb.de abrufbar.

© der deutschen Übersetzung 2010 Patmos Verlag GmbH & Co.KG
Sauerländer, Mannheim
Aus dem Englischen von Stephanie Menge
Alle Rechte vorbehalten
Printed in Singapore
ISBN 978-37941-5234-6
www. sauerlaender.de

Der Wald der wilden Tiere

Chris Wormell

SAUERLÄNDER

Ein Bär bummelte eines schönen Tages durch den Wald ...

... und begegnete einem kleinen Jungen,
der auf einem Baumstumpf saß und ziemlich bedrückt aussah.

»Was ist mit dir?«, fragte der Bär.

»Ich hab mich verlaufen«, schniefte der Junge,
»und ich stecke ganz furchtbar in der Patsche.«
»Du meine Güte, warum denn?«, wollte der Bär wissen.
»Weil meine Mama gesagt hat,
ich darf nie und nimmer in den Wald gehen«, sagte der Junge,
»aber ich hab nicht auf sie gehört.
Und jetzt hab ich mich verlaufen!«

»Keine Angst«, sagte der Bär lachend.
»Ich zeig dir den Weg hinaus. Der Wald ist gar nicht so übel, weißt du.«
»Doch!«, sagte der Junge. »Meine Mama sagt,
im Wald sind viele gefährliche wilde Tiere.«

»Wirklich?«, sagte der Bär. »Was du nicht sagst. Was sind denn das für Tiere?«
»Sie haben ein zotteliges Fell«, entgegnete der Junge,
»und sie verstecken sich irgendwo im Dickicht,
und dann stürzen sie sich auf dich und verschlingen dich!«
»Verschlingen sie ... ähm, verschlingen sie auch Bären?«, fragte der Bär beunruhigt.
»Natürlich!«, antwortete der Junge. »Sie verschlingen einfach alles!«
Der Bär spähte ängstlich in das Dickicht zwischen den Bäumen:
»Ich denk mal, wir machen uns lieber auf den Weg.«

Sie waren noch nicht weit gegangen,
da begegneten sie einem Elefanten, der gerade eine kleine Stärkung zu sich nahm.
»Auch eine Banane?«, fragte der Elefant.

»Sei lieber vorsichtig, Elefant«, riet ihm der Bär.
»Dieser junge Mann hat mir gerade erzählt,
dass gefährliche wilde Tiere im Wald herumstreunen!«
»Du liebes Bisschen!«, sagte der Elefant, und ließ seine Banane fallen.
»Sind sie schrecklich wild?«

»Wilder geht's nicht!«, sagte der Junge. »Sie sind sooo groß, dass sie auf dich drauftreten und dich mir nichts, dir nichts zerquetschen können!«
»Aber, ähm … sie können doch keinen Elefanten zerquetschen, nicht wahr?«, fragte der Elefant.
»Mit Leichtigkeit!«, entgegnete der Junge.

»Oh Mann!«, schluckte der Elefant.
»Ihr habt doch nichts dagegen, wenn ich euch begleite?«
Kurz darauf schlichen alle drei vorsichtig durch den Wald.

Ein wenig später begegneten sie einem Löwen,
der sich auf einem Felsen sonnte.
»Setzt euch und genießt die Sonne«, sagte der Löwe
und schlug leicht mit dem Schwanz.

»Lieber nicht!«, erwiderte der Bär.

»Weißt du nicht, dass sich **gefährliche wilde Tiere** hier herumtreiben?«

»Tatsächlich?«, schluckte der Löwe.

»Wie gefährlich?«

»Gefährlicher geht's nicht«, erklärte der Junge.
»Sie haben scharfe Klauen und riesige Zähne
und können dir in einer Sekunde den Kopf abbeißen!«
»Igitt!«, jaulte der Löwe. »Aber mit einem Löwen
können sie das doch nicht machen, nicht wahr?«

»Löwen fressen sie,
glaube ich, am liebsten«,
entgegnete der Junge.
»Zu Hilfe!«, wimmerte der Löwe,
dem die Mähne zu Berge stand.
»Ihr hättet doch nichts dagegen,
wenn ich mit euch käme?«

So schlichen sie weiter auf Zehenspitzen durch den Wald.
Bald darauf begegneten sie einem Krokodil ...
einem Wolf ...
und einer Riesenschlange.

Schon ging die Sonne unter.
»Bei Nacht kommen die gefährlichen wilden Tiere heraus,
um zu jagen«, sagte der Junge.

In diesem Moment hörten sie ein Geräusch.
Es klang wie ein schreckliches wildes Tier,
das durchs Unterholz stampfte.

Sie sahen ein Licht zwischen den Baumstämmen aufflackern
wie ein riesiges funkelndes Auge ...
Und dann hörten sie ein wildes Gebrüll durch den Wald hallen ...

Alle rannten um ihr Leben!

Nun ja, außer dem kleinen Jungen, der am tapfersten war.
Er schlich weiter und sah, dass es gar kein gefährliches wildes Tier war –
es war etwas

viel Schlimmeres ...

»Theo! Theo!«, brüllte sie.
»Wo bist du?«

»Da bist du«, seufzte sie. »Habe ich dir nicht gesagt, dass du nie und nimmer in den Wald gehen darfst?«
»Habe ich dir nicht von all den gefährlichen wilden Tieren erzählt, die dort leben?«

»Aber, Mama«, beteuerte Theo, »ich hab überhaupt keine gefährlichen wilden Tiere gesehen.«